CHRISTMAS WORD ❄❄ SCRAMBLES ❄❄

Chris McMullen & Carolyn Kivett

Christmas Word Scrambles

Copyright © 2011 Chris McMullen & Carolyn Kivett

All rights reserved. This includes the right to reproduce any portion of this book in any form.

CreateSpace

Nonfiction / Entertainment / Puzzles & Games / Word Games
Nonfiction / Christian / Holidays / Christmas

ISBN: 1467970727

EAN-13: 978-1467970723

✳✳✳ **Christmas Word Scrambles** ✳✳✳

 **Contents**

Introduction	4
Christmas Word Scrambles	5
Hints	89
Answers	110

❄❄ Introduction ❄❄

These word scramble puzzles consist of words or phrases that relate to Christmas where the letters have been scrambled. Solve each puzzle by rearranging the letters to form the word or phrase. For example, consider the word scramble below:

G E L I S H   __ __ __ __ __ __

Rearranging the letters G E L I S H, we can form the word S L E I G H. Write the letters in the blanks when you solve the puzzle.

Each puzzle consists of a group of related words or phrases, like types of decorations or popular Christmas songs. All of the words or phrases from the same puzzle are related in some way. Knowing that the words in each puzzle are related may help you unscramble any words or phrases that you don't see right away.

Plurals are allowed. When the answer consists of two or more words, the letters are grouped together in their respective words. For example, a puzzle might be:

N A S T A   L U C A S   __ __ __ __ __   __ __ __ __ __

In this case, the letters N A S T A form one word and L U C A S form the other (that is, they are not mixed together). The answer to this puzzle is S A N T A   C L A U S.

All punctuation marks – like hyphens and apostrophes – are shown in their correct position.

An asterisk (*) following a theme word indicates that there is a note or credit in the Answer key for that puzzle.

There are separate sections of hints and answers at the back of the book. The hints section provides just the first letter of each word or phrase. This can be useful if you just need a little help. Complete answers are provided in the answers section. You might want to place a folded sheet of paper here so that you can check the current puzzle's answers without spoiling other puzzles.

Christmas Word Scrambles

Christmas Puzzle 1

METCO   _ _ _ _ _

PICDU   _ _ _ _ _

EXVIN   _ _ _ _ _

CRANED   _ _ _ _ _ _

SHARED   _ _ _ _ _ _

NORNED   _ _ _ _ _ _

PARRENC   _ _ _ _ _ _ _

ZITBELN   _ _ _ _ _ _ _

PLORHUD   _ _ _ _ _ _ _

What is this Christmas theme?

_ _ _ _ _ _ _ _   _ _ _ _ _ _

EIRENDER   MEANS

Christmas Puzzle 2

ARTS __ __ __ __

ERET __ __ __ __

SLELB __ __ __ __ __

GLEAN __ __ __ __ __

THILGS __ __ __ __ __ __

ATHREW __ __ __ __ __ __

DRAGLAN __ __ __ __ __ __ __

KNOCTIGS __ __ __ __ __ __ __ __

SLOTEMITE __ __ __ __ __ __ __ __ __

What is this Christmas theme?

__ __ __ __ __ __ __ __ __ __

COROSENDITA

❄❄❄ Christmas Word Scrambles ❄❄❄

Christmas Puzzle 3

MRUD   __ __ __ __

RECHE   __ __ __ __ __

RYPTA   __ __ __ __ __

JELGIN   __ __ __ __ __ __

RASCOL   __ __ __ __ __ __

ADRAPE   __ __ __ __ __ __

ELSWITH   __ __ __ __ __ __ __

RESPRAY   __ __ __ __ __ __ __

GREATHUL   __ __ __ __ __ __ __ __

What is this Christmas theme?

__ __ __ __ __ __ __ __   __ __ __ __ __ __

IDOLAHY DUSSON

Christmas Puzzle 4

D R E   __ __ __

K L I M   __ __ __ __

S T O Y   __ __ __ __

L O L Y J   __ __ __ __ __

R E R Y M   __ __ __ __ __

B A R E D   __ __ __ __ __

G E L I S H   __ __ __ __ __ __

M E N Y H I C   __ __ __ __ __ __ __

E S K I C O O   __ __ __ __ __ __ __

What is this Christmas theme?

__ __ __ __ __   __ __ __ __ __

N A S T A   L U C A S

❄❄❄ Christmas Word Scrambles ❄❄❄

Christmas Puzzle 5

O B X ___ ___ ___

S W O B ___ ___ ___ ___

D A R C ___ ___ ___ ___

P R A W ___ ___ ___ ___

F I T G   G A B ___ ___ ___ ___   ___ ___ ___

M E A N   G A T ___ ___ ___ ___ ___   ___ ___ ___

B O R B I N ___ ___ ___ ___ ___ ___

S H O O P T ___ ___ ___ ___ ___ ___

F R U S T E F ___ ___ ___ ___ ___ ___ ___

What is this Christmas theme?

___ ___ ___ ___ ___ ___ ___ ___

T R E S S E N P

✸✸✸ Ho! Ho! Ho! Merry Christmas to All! Ho! Ho! Ho! ✸✸✸

Christmas Puzzle 6

S T R O F   _ _ _ _ _

S T O B O   _ _ _ _ _

F R A S C   _ _ _ _ _

V E S L O H   _ _ _ _ _ _

S T I M E N T _ _ _ _ _ _ _

L I C C I E S _ _ _ _ _ _ _

S W A N N O M _ _ _ _ _ _ _

Z A L B R I Z D _ _ _ _ _ _ _ _

L A W N F E S K O _ _ _ _ _ _ _ _ _

What is this Christmas theme?

_ _ _ _ _   _ _ _ _ _ _ _

I T H E W   T R A S S C I M H

❄❄❄ Christmas Word Scrambles ❄❄❄

Christmas Puzzle 7

D R E   __ __ __

L U B E   __ __ __ __

N E R G E   __ __ __ __ __

I T H E W   __ __ __ __ __

Y O W N S   __ __ __ __ __

D O N G E L   __ __ __ __ __ __

V E R I L S   __ __ __ __ __ __

T R I G L E T   __ __ __ __ __ __ __

A P L O K   T O D   __ __ __ __ __ __   __ __ __

What is this Christmas theme?

__ __ __ __   __ __ __ __ __

X A S M   S C R O O L

11

Christmas Puzzle 8

APPA _ _ _ _

LONE _ _ _ _

CINK _ _ _ _

RISK _ _ _ _

STAIN _ _ _ _ _

ASTAN _ _ _ _ _

SCULA _ _ _ _ _

LERKING _ _ _ _ _ _ _

CHINALOS _ _ _ _ _ _ _ _

What is this Christmas theme?

_ _ _ _ _ _ ' _   _ _ _ _ _ _

TASSA'N   MEANS

❄❄❄ Christmas Word Scrambles ❄❄❄

Christmas Puzzle 9

P H R A ___ ___ ___ ___

O R B E ___ ___ ___ ___

O L A H ___ ___ ___ ___

S W I N G ___ ___ ___ ___ ___

P O T T E R E ___ ___ ___ ___ ___ ___ ___

U D R A G I N A ___ ___ ___ ___ ___ ___ ___ ___

Y V E L E N A H ___ ___ ___ ___ ___ ___ ___ ___

U F E P L A C E ___ ___ ___ ___ ___ ___ ___ ___

A T R I P L I S U ___ ___ ___ ___ ___ ___ ___ ___ ___

What is this Christmas theme?

___ ___ ___ ___ ___

G L E A N

Christmas Puzzle 10

O S T Y   __ __ __ __

S L I T   __ __ __ __

S E L V E   __ __ __ __ __

A N S A T   __ __ __ __ __

G L I S H E   __ __ __ __ __ __

T R E S T L E   __ __ __ __ __ __ __

E D R I N E R E   __ __ __ __ __ __ __ __

T R E S S P E N   __ __ __ __ __ __ __ __

P H R O W K S O   __ __ __ __ __ __ __ __

What is this Christmas theme?

__ __ __ __ __   __ __ __ __

T H R O N   O P L E

❄❄❄ Christmas Word Scrambles ❄❄❄

Christmas Puzzle 11

I R F   __ __ __

E P I N   __ __ __ __

C A R E D   __ __ __ __ __

T H E W I   __ __ __ __ __

C R U P E S   __ __ __ __ __ __

E R P - I L T   __ __ __ __ - __ __ __

S C R Y P E S   __ __ __ __ __ __ __

P H R A S E P I   __ __ __ __ __ __ __ __

I M M U N U A L   __ __ __ __ __ __ __ __

What is this Christmas theme?

__ __ __ __ __ __ __ __   __ __ __ __ __

C R A S S M I T H   T E R S E

Christmas Puzzle 12

S H N E   __ __ __ __

D R I B S   __ __ __ __ __

S E V O D   __ __ __ __ __

A N S S W   __ __ __ __ __

E S E G E   __ __ __ __ __

L U R E T T   __ __ __ __ __ __

P R E S I P   __ __ __ __ __ __

M M U R R E D S   __ __ __ __ __ __ __ __

G A R R I P T E D   __ __ __ __ __ __ __ __ __

What is this Christmas theme?

__ __ __ __ __ __ __   __ __ __ __

V E L W E T   S A D Y (*)

❄❄❄ Christmas Word Scrambles ❄❄❄

Christmas Puzzle 13

H A B   __ __ __

C A K J   __ __ __ __

S T R O F   __ __ __ __ __

S M I R E   __ __ __ __ __

C H R I N G   __ __ __ __ __ __

T R O P E T   __ __ __ __ __ __

M U B U G H   __ __ __ __ __ __

G O R E S C O   __ __ __ __ __ __ __

B R E E Z E N E   __ __ __ __ __ __ __ __

What is this Christmas theme?

__ __ __ __   __ __ __ __ __ __ __

S M A X   S L I V A N I L

❄❄❄ Ho! Ho! Ho! Merry Christmas to All! Ho! Ho! Ho! ❄❄❄

Christmas Puzzle 14

D A B   ___ ___ ___

Y R C   ___ ___ ___

O G D O   ___ ___ ___ ___

C E N I   ___ ___ ___ ___

O P U T   ___ ___ ___ ___

P L U M   ___ ___ ___ ___

C O L A   ___ ___ ___ ___

W I C T E   ___ ___ ___ ___ ___

T H A N G U Y   ___ ___ ___ ___ ___ ___ ___

What is this Christmas theme?

___ ___ ___ ___ ___ ___ ' ___   ___ ___ ___ ___

N A S S A ' T   S T I L

18

Christmas Word Scrambles

Christmas Puzzle 15

K L I M __ __ __ __

D A N C Y __ __ __ __ __

A C N E S __ __ __ __ __

P N A S S __ __ __ __ __

R I G G E N __ __ __ __ __ __

W E S S E T __ __ __ __ __ __

S M U N I F F __ __ __ __ __ __ __

E S C I O K O __ __ __ __ __ __ __

W R O N B I S E __ __ __ __ __ __ __ __

What is this Christmas theme?

__ __ __ __ __ __ __   __ __ __ __ __ __

O H I L A D Y   S T A R T E

❄❄❄ Ho! Ho! Ho! Merry Christmas to All! Ho! Ho! Ho! ❄❄❄

Christmas Puzzle 16

Y A R M __ __ __ __

G A I M __ __ __ __

T H R I B __ __ __ __ __

E S S U J __ __ __ __ __

T H R I S C __ __ __ __ __ __

S H O P E J __ __ __ __ __ __

S L A G E N __ __ __ __ __ __

D R E H H E P S __ __ __ __ __ __ __ __

M E L E H H E B T __ __ __ __ __ __ __ __ __

What is this Christmas theme?

__ __ __ __ __ __ __ __   __ __ __ __ __

Y I V A T T I N   C E N S E

✳✳✳ Christmas Word Scrambles ✳✳✳

Christmas Puzzle 17

L O W   ___ ___ ___

C E M I   ___ ___ ___ ___

G I N K   ___ ___ ___ ___

H E A R   ___ ___ ___ ___

S L O D   ___ ___ ___ ___ ___

Y A R I F   ___ ___ ___ ___ ___

R E D R U M M   ___ ___ ___ ___ ___ ___ ___

D R E S O L I   ___ ___ ___ ___ ___ ___ ___

E S T E N N I L ___ ___ ___ ___ ___ ___ ___ ___

What is this Christmas theme?

    ___ ___ ___ ___ ___ ___ ___ ___ ___

K U R R A C C E N T (*)

Ho! Ho! Ho! Merry Christmas to All! Ho! Ho! Ho!

Christmas Puzzle 18

E R D   __ __ __

S N O E   __ __ __ __

Y I S H N   __ __ __ __ __

S L O W G   __ __ __ __ __

M E G A S   __ __ __ __ __

B I R T H G   __ __ __ __ __ __

S H L I G E   __ __ __ __ __ __

S T R O I H Y __ __ __ __ __ __ __

E R I N R E E D   __ __ __ __ __ __ __ __

What is this Christmas theme?

__ __ __ __ __ __ __

P R O U D H L (*)

Christmas Word Scrambles

Christmas Puzzle 19

O P T   _ _ _

L O L D   _ _ _ _

A C J K S   _ _ _ _ _

B R O O T   _ _ _ _ _

G W O A N   _ _ _ _ _

I N T R A   _ _ _ _ _

N I L S K Y   _ _ _ _ _ _

B R E A L M S   _ _ _ _ _ _ _

S H O O L D U E L   _ _ _ _ _ _ _ _ _

What is this Christmas theme?

_ _ _ _ _ _ _ _ _   _ _ _ _

S M A R T S C H I   O S T Y

❄❄❄ **Ho! Ho! Ho! Merry Christmas to All! Ho! Ho! Ho!** ❄❄❄

Christmas Puzzle 20

S T E B ___ ___ ___ ___

W E N   R E Y A   ___ ___ ___   ___ ___ ___ ___

R E M Y R   ___ ___ ___ ___ ___

P H A Y P   ___ ___ ___ ___ ___

Z I L F E   ___ ___ ___ ___ ___

H E S S I W   ___ ___ ___ ___ ___ ___

V A D D I N A   ___ ___ ___ ___ ___ ___ ___

O I L S H A D Y   ___ ___ ___ ___ ___ ___ ___ ___

T R I S H C A M S   ___ ___ ___ ___ ___ ___ ___ ___ ___

What is this Christmas theme?

___ ___ ___ ___ ___ ___ ___ ___

S T R I N G G E E

24

Christmas Word Scrambles

Christmas Puzzle 21

A T H   ___ ___ ___

E P P I   ___ ___ ___ ___

L I S K   ___ ___ ___ ___

C O L A   ___ ___ ___ ___

F I L E   ___ ___ ___ ___

C R A F S   ___ ___ ___ ___ ___

G A M C I   ___ ___ ___ ___ ___

C A N E D   ___ ___ ___ ___ ___

S T O U N T B   ___ ___ ___ ___ ___ ___ ___

What is this Christmas theme?

___ ___ ___ ___ ___ ___

R Y S T O F (*)

✸✸✸ Ho! Ho! Ho! Merry Christmas to All! Ho! Ho! Ho! ✸✸✸

Christmas Puzzle 22

A H M   _ _ _

I P E   _ _ _

S M A Y   _ _ _ _

M U L P   _ _ _ _

P L A P E   _ _ _ _ _

A S T R O   _ _ _ _ _

D I N G D U P   _ _ _ _ _ _ _

K U P P I M N   _ _ _ _ _ _ _

A T R U C K I F E   _ _ _ _ _ _ _ _ _

What is this Christmas theme?

_ _ _ _ _   _ _ _ _ _

S M A X   S A F E T

❄❄❄ Christmas Word Scrambles ❄❄❄

Christmas Puzzle 23

G O D   __ __ __

E O S U M   __ __ __ __ __

A T H E R   __ __ __ __ __

A B S E T   __ __ __ __ __

C H R I N G   __ __ __ __ __ __

M I N C H E Y   __ __ __ __ __ __ __

R A C E R U T E   __ __ __ __ __ __ __ __

L O V E W H I L   __ __ __ __ __ __ __ __

D I N C Y - U L O   __ __ __ __ __ - __ __ __

What is this Christmas theme?

__ __ __ __ __ __ __   __ __ __ __ __

C R O O T D   U S E S S (*)

✱✱✱ **Ho! Ho! Ho! Merry Christmas to All! Ho! Ho! Ho!** ✱✱✱

Christmas Puzzle 24

L O N E   _ _ _ _

S A X M   _ _ _ _

E U L Y   _ _ _ _

O H M E   _ _ _ _

I V A N I T Y T   _ _ _ _ _ _ _

R E B E M C E D   _ _ _ _ _ _ _

A S H Y D O L I   _ _ _ _ _ _ _ _

U T I D Y L E E   _ _ _ _ _ _ _ _

C A V I T O N A   _ _ _ _ _ _ _ _

What is this Christmas theme?

_ _ _ _ _ _ _ _ _ _ _ _

T I M M I E S T A R C H S

28

❄❄❄ Christmas Word Scrambles ❄❄❄

Christmas Puzzle 25

E A T __ __ __

K L I M __ __ __ __

D A O S __ __ __ __

C R I E D __ __ __ __ __

P H U N C __ __ __ __ __

O C O C A __ __ __ __ __

U C E J I __ __ __ __ __

G E G O N G __ __ __ __ __ __

T I C K C O A L __ __ __ __ __ __ __ __

What is this Christmas theme?

__ __ __ __ __ __ __ __ __

A M S X   S K R I N D

✳✳✳ **Ho! Ho! Ho! Merry Christmas to All! Ho! Ho! Ho!** ✳✳✳

Christmas Puzzle 26

L A B L   __ __ __ __

N A C E D   __ __ __ __ __

T A N S A'S   __ __ __ __ __ ' __

P H R E E L   __ __ __ __ __ __

S C R E E T   __ __ __ __ __ __

C L O P T U K   __ __ __ __ __ __ __

G H E N C A X E   __ __ __ __ __ __ __ __

S E R P E N T S   __ __ __ __ __ __ __ __

S L I M E T O T E   __ __ __ __ __ __ __ __ __

What is this Christmas theme?

__ __ __ __ __ __ __ __   __ __ __ __ __

M A R C H T I S S   T R A Y P

Christmas Word Scrambles

Christmas Puzzle 27

N A M E   __ __ __ __

R O L D   __ __ __ __

M H N Y   __ __ __ __

C A G E R   __ __ __ __ __

S E R V E   __ __ __ __ __

L I B B E   __ __ __ __ __

A S P I R E   __ __ __ __ __ __

S L O P E G   __ __ __ __ __ __

S L I N G B E S   __ __ __ __ __ __ __ __

What is this Christmas theme?

__ __ __ __ __ __

P A R R E Y

Ho! Ho! Ho! Merry Christmas to All! Ho! Ho! Ho!

Christmas Puzzle 28

A S K E C ___ ___ ___ ___ ___

C W I T H ___ ___ ___ ___ ___

D A N C Y ___ ___ ___ ___ ___

A D R E B ___ ___ ___ ___ ___

B S M U R C ___ ___ ___ ___ ___ ___

S H A N E L ___ ___ ___ ___ ___ ___

L E R G E T ___ ___ ___ ___ ___ ___

A C T O G E T ___ ___ ___ ___ ___ ___ ___

B E S P E L B ___ ___ ___ ___ ___ ___ ___

What is this Christmas theme?

___ ___ ___ ___ ___ ___ ___ ___ ___ ___ ___

D R A G G I N B E R E (*)

32

Christmas Word Scrambles

Christmas Puzzle 29

S E Y   _ _ _

H E T   U N S   _ _ _   _ _ _

A N S T A   _ _ _ _ _

S L U C A   _ _ _ _ _

S E T I X   _ _ _ _ _

T R E T L E   _ _ _ _ _ _

V E L E B I E   _ _ _ _ _ _ _

N O S T I Q U E   _ _ _ _ _ _ _ _

G A V I N I R I   _ _ _ _ _ _ _ _

What is this Christmas theme?

_ _ _ _   _ _ _ _ _ _ _ _

M A X S   T R A I L O D I E (*)

Ho! Ho! Ho! Merry Christmas to All! Ho! Ho! Ho!

Christmas Puzzle 30

RETE   __ __ __ __

LEBL   __ __ __ __

ARTS   __ __ __ __

ACNE   __ __ __ __

LANGE   __ __ __ __ __

SHIGEL   __ __ __ __ __ __

WOMANSN   __ __ __ __ __ __ __

DRINEREE   __ __ __ __ __ __ __ __

GINKOCTS   __ __ __ __ __ __ __ __

What is this Christmas theme?

__ __ __ __ __ __   __ __ __ __ __ __

KOCIEO   PHASES

34

❄❄❄ Christmas Word Scrambles ❄❄❄

Christmas Puzzle 31

E P I N   __ __ __ __

V O C E L   __ __ __ __ __

L A N C E D   __ __ __ __ __ __

G U N M E T   __ __ __ __ __ __

S T R I C U   __ __ __ __ __ __

R I G G E N   __ __ __ __ __ __

S C E N N I E   __ __ __ __ __ __ __

A C I M N N N O __ __ __ __ __ __ __ __

I T R O P P O R U __ __ __ __ __ __ __ __ __

What is this Christmas theme?

__ __ __ __   __ __ __ __ __

S X A M   S M A R A O

✳✳✳ Ho! Ho! Ho! Merry Christmas to All! Ho! Ho! Ho! ✳✳✳

Christmas Puzzle 32

A L P S Y   __ __ __ __ __

G N O S S   __ __ __ __ __

K O S B O   __ __ __ __ __

M O P E S   __ __ __ __ __

V T   W H O S S   __ __   __ __ __ __ __

S E V O M I   __ __ __ __ __ __

S C R O A L   __ __ __ __ __ __

N U R S E R   __ __ __ __ __ __

T R O S S I E   __ __ __ __ __ __ __

What is this Christmas theme?

__ __ __ __   __ __ __ __ __ __ __

S M A X   C A S S I P E L

36

✼✼✼ Christmas Word Scrambles ✼✼✼

Christmas Puzzle 33

A L C O   ___ ___ ___ ___

S U E D   ___ ___ ___ ___

K A C Y T   ___ ___ ___ ___ ___

K O B R E N ___ ___ ___ ___ ___ ___

G H O N N I T ___ ___ ___ ___ ___ ___ ___

E R - F I D G E T ___ ___ ___ - ___ ___ ___ ___ ___ ___

W R O B R O D E ___ ___ ___ ___ ___ ___ ___ ___

U C R A F T I K E ___ ___ ___ ___ ___ ___ ___ ___ ___

S L A T T E S S E ___ ___ ___ ___ ___ ___ ___ ___ ___

What is this Christmas theme?

___ ___ ___ ___ ___ ___   ___ ___ ___ ___ ___

S T R O W   S T I F G

✸✸✸ **Ho! Ho! Ho! Merry Christmas to All! Ho! Ho! Ho!** ✸✸✸

Christmas Puzzle 34

R A T S   _ _ _ _

G I N K   _ _ _ _

R O L D   _ _ _ _

S W E I   N E M   _ _ _ _ _   _ _ _

G L A N S E   _ _ _ _ _ _

L E A S I R   _ _ _ _ _ _

V A N H E E   _ _ _ _ _ _

P R E S S E D H H   _ _ _ _ _ _ _ _

H E L M E T B E H   _ _ _ _ _ _ _ _ _

What is this Christmas theme?

_ _ _ _ _   _ _ _ _

S T R I F   L O N E (*)

38

✱✱✱ Christmas Word Scrambles ✱✱✱

Christmas Puzzle 35

O T __ __

F O R M __ __ __ __

S P A T M __ __ __ __ __

D E N S E R __ __ __ __ __ __

D R E S A D S __ __ __ __ __ __ __

P E V E L O N E __ __ __ __ __ __ __ __

T R I G G E N E __ __ __ __ __ __ __ __

K A L M R H A L __ __ __ __ __ __ __ __

B R A C O P O K S __ __ __ __ __ __ __ __ __

What is this Christmas theme?

__ __ __ __ __ __ __ __   __ __ __ __

C H A R M S I T S   D R A C

✳✳✳ Ho! Ho! Ho! Merry Christmas to All! Ho! Ho! Ho! ✳✳✳

Christmas Puzzle 36

O C L E   _ _ _ _

M O O C   _ _ _ _

B O D Y   _ _ _ _

Y U R A T   _ _ _ _ _

S H E L M   _ _ _ _ _

S C R O Y B   _ _ _ _ _ _

M T R A I N   _ _ _ _ _ _

T E N T B E N   _ _ _ _ _ _ _

A T R A I N S   _ _ _ _ _ _ _

What is this Christmas theme?

_ _ _ _   _ _ _ _ _ _ _

A X M S   E N G R I S S (*)

40

❄❄❄ Christmas Word Scrambles ❄❄❄

Christmas Puzzle 37

O N S   __ __ __

A B B Y   __ __ __ __

T H E R M O   __ __ __ __ __ __

R H A F E T   __ __ __ __ __ __

T R I S S E   __ __ __ __ __ __

M A R G A N D   __ __ __ __ __ __ __

P R A G A N D   __ __ __ __ __ __ __

O R B H E R T   __ __ __ __ __ __ __

T H R E A D U G   __ __ __ __ __ __ __ __

What is this Christmas theme?

__ __ __ __ __ __

M A I L F Y

41

Ho! Ho! Ho! Merry Christmas to All! Ho! Ho! Ho!

Christmas Puzzle 38

WEN ARC _ _ _ _   _ _ _

YONME _ _ _ _ _

SHEUO _ _ _ _ _

FIGT DRAC _ _ _ _   _ _ _ _

FURMEEP _ _ _ _ _ _ _

LYCCIBE _ _ _ _ _ _ _

MADDONI _ _ _ _ _ _ _

WREELYJ _ _ _ _ _ _ _

SOPPARLO _ _ _ _ _ _ _ _

What is this Christmas theme?

_ _ _ _ _ _   _ _ _ _ _

TRAGE STIGF

42

❄❄❄ Christmas Word Scrambles ❄❄❄

Christmas Puzzle 39

I N D I G H   __ __ __ __ __ __

K O G I N O C   __ __ __ __ __ __ __

I N G L A I M   __ __ __ __ __ __ __

G L A N N I C E   __ __ __ __ __ __ __ __

P H O P G I N S   __ __ __ __ __ __ __ __

M I N T G R I M   __ __ __ __ __ __ __ __

P R A W P G I N   __ __ __ __ __ __ __ __

D I G G I N S E N   __ __ __ __ __ __ __ __ __

G R A T I N O C E D   __ __ __ __ __ __ __ __ __ __

What is this Christmas theme?

__ __ __ __ __ __ __ __ __ __ __

I N E P P A R R O T A

Ho! Ho! Ho! Merry Christmas to All! Ho! Ho! Ho!

Christmas Puzzle 40

V E E   _ _ _

S T O P   _ _ _ _

S N A P   _ _ _ _

L A B L   _ _ _ _

P R O D   _ _ _ _

T R Y P A   _ _ _ _ _

B L O T F O A L   _ _ _ _ _ _ _

D O N N U C O W T   _ _ _ _ _ _ _ _

N O I S E R O L U T   _ _ _ _ _ _ _ _ _

What is this Christmas theme?

_ _ _ _ _ _ _ _ , _ _

W E N   S A Y E ' R

❄❄❄ Christmas Word Scrambles ❄❄❄

Christmas Puzzle 41

GAINVET   _ _ _ _ _ _ _

QUIETAN   _ _ _ _ _ _ _

MANNETOR   _ _ _ _ _ _ _ _

KALMHARL   _ _ _ _ _ _ _ _

APESKEKE   _ _ _ _ _ _ _ _

FINGERIU   _ _ _ _ _ _ _ _

WORKCELL   _ _ _ _ _ _ _ _

ANIVITTY   _ _ _ _ _ _ _ _

KURRACCENT   _ _ _ _ _ _ _ _ _ _

What is this Christmas theme?

_ _ _ _ _ _ _ _ _ _ _

BLISTECLOCLE

45

Ho! Ho! Ho! Merry Christmas to All! Ho! Ho! Ho!

Christmas Puzzle 42

D O G   __ __ __

M A A D   __ __ __ __

Y A R M   __ __ __ __

V I D D A   __ __ __ __ __

S M E A J   __ __ __ __ __

J A U D S   __ __ __ __ __

O M N I S   __ __ __ __ __

S H O J E P   __ __ __ __ __ __

B A M A R A H   __ __ __ __ __ __ __

What is this Christmas theme?

__ __ __ __ __ __ __ __

L A G G E N O Y E

❄❄❄ Christmas Word Scrambles ❄❄❄

Christmas Puzzle 43

O H Y L __ __ __ __

L O J Y L __ __ __ __ __

R E R Y M __ __ __ __ __

Y O W N S __ __ __ __ __

S T R Y F O __ __ __ __ __ __

L U J F Y O __ __ __ __ __ __

S C A R E D __ __ __ __ __ __

V I F E S T E __ __ __ __ __ __ __

E C R A T O V I E D __ __ __ __ __ __ __ __ __

What is this Christmas theme?

__ __ __ __ __ __ __ __ __

J E S T A V I C E D

❄❄❄ Ho! Ho! Ho! Merry Christmas to All! Ho! Ho! Ho! ❄❄❄

Christmas Puzzle 44

L H A R P   __ __ __ __ __

P R E L I T   __ __ __ __ __ __

G O D   R E A D   __ __ __   __ __ __ __

D R E   D E R R Y   __ __ __   __ __ __ __ __

Z E R O F N   __ __ __ __ __ __

O N E G U T   __ __ __ __ __ __

C R E S E T   __ __ __ __ __ __

C R E D D O E   __ __ __ __ __ __ __

G O L F P A L E   __ __ __ __ __ __ __ __

What is this Christmas theme?

__ __ __ __ __ __ __ __   __ __ __ __

S T R A I C H M S   R O S T Y (*)

48

Christmas Word Scrambles

Christmas Puzzle 45

GRABOT   _ _ _ _ _ _

TOWNEN   _ _ _ _ _ _

FUBTEF   _ _ _ _ _ _

PIERLY   _ _ _ _ _ _

INTRAM   _ _ _ _ _ _

TROBAN   _ _ _ _ _ _

STRICH   _ _ _ _ _ _

GLISERN   _ _ _ _ _ _ _

SHONNEDER   _ _ _ _ _ _ _ _ _

What is this Christmas theme?

_ _ _ _   _ _ _   _ _ _ _

NORB   NO   SAXM(*)

❄❄❄ Ho! Ho! Ho! Merry Christmas to All! Ho! Ho! Ho! ❄❄❄

Christmas Puzzle 46

E L D   ___ ___ ___

G R I N T S   ___ ___ ___ ___ ___ ___

C C E I I L   ___ ___ ___ ___ ___ ___

D R O I N O   ___ ___ ___ ___ ___ ___

O T U D O R O   ___ ___ ___ ___ ___ ___ ___

K W E L T I N   ___ ___ ___ ___ ___ ___ ___

K N I B G L I N   ___ ___ ___ ___ ___ ___ ___ ___

T R A I N U M I E   ___ ___ ___ ___ ___ ___ ___ ___ ___

C R O U M T I L L O   ___ ___ ___ ___ ___ ___ ___ ___ ___ ___

What is this Christmas theme?

___ ___ ___ ___ ___   ___ ___ ___ ___ ___ ___

S M A X   G H I L S T

Christmas Word Scrambles

Christmas Puzzle 47

P A L   _ _ _

R E E T   _ _ _ _

S L E V E   _ _ _ _ _

N I R A T   _ _ _ _ _

S C U M I   _ _ _ _ _

A A N S T   _ _ _ _ _

S R M.   C U S A L   _ _ _ .   _ _ _ _ _

R E S P I C T U   _ _ _ _ _ _ _ _

P H O G N I S P   _ _ _ _ _ _ _ _

What is this Christmas theme?

_ _   _ _ _   _ _ _ _

T A   H E T   L A L M

❄❄❄ Ho! Ho! Ho! Merry Christmas to All! Ho! Ho! Ho! ❄❄❄

Christmas Puzzle 48

C H A R   __ __ __ __

S A M S   __ __ __ __

T H R A C   __ __ __ __ __

C H A R M   __ __ __ __ __

H I M S T   __ __ __ __ __

S H A R C   __ __ __ __ __

T R A M S   __ __ __ __ __

S M A R C H   __ __ __ __ __ __

T R A S S I   __ __ __ __ __ __

What is this Christmas theme?

__ __ __ __   __ __ __ - __ __ __ __ __

S M A X   B U S - S W O R D (*)

52

❄❄❄ Christmas Word Scrambles ❄❄❄

Christmas Puzzle 49

N U F   _ _ _

L Y H O L   _ _ _ _ _

F S T I G   _ _ _ _ _

D A I L Y H O   _ _ _ _ _ _ _

W I L D L O G O   _ _ _ _ _ _ _ _

V I N T A I T Y   _ _ _ _ _ _ _ _

M A N N E R T O   _ _ _ _ _ _ _ _

T H I N G G I L   _ _ _ _ _ _ _ _

S T I N G G L I N E   _ _ _ _ _ _ _ _ _ _

What is this Christmas theme?

_ _ _ _   _ _ _ _ _

A S M X   S U N N O

❄❄❄ Ho! Ho! Ho! Merry Christmas to All! Ho! Ho! Ho! ❄❄❄

Christmas Puzzle 50

C I E   __ __ __

C D L O   __ __ __ __

O W N S   __ __ __ __

F O R T S   __ __ __ __ __

L Y C H L I   __ __ __ __ __ __

R U F L Y R   __ __ __ __ __ __

T W I N E R   __ __ __ __ __ __

S A N N O W M   __ __ __ __ __ __ __

Z A L D R I Z B   __ __ __ __ __ __ __ __

What is this Christmas theme?

__ __ __ __   __ __ __ __ __

A C J K   S T R O F

54

❄❄❄ Christmas Word Scrambles ❄❄❄

Christmas Puzzle 51

G R I N __ __ __ __

S L E L B __ __ __ __ __

S H I G L E __ __ __ __ __ __

C R O F L I __ __ __ __ __ __

W R I T E N __ __ __ __ __ __

S M O K I E __ __ __ __ __ __

G L A W K I N __ __ __ __ __ __ __

G L I N C H I L __ __ __ __ __ __ __ __

L E G G I N T I N S __ __ __ __ __ __ __ __ __

What is this Christmas theme?

__ __ __ __ __ __ __ __ __

W O R D L A N E N D (*)

Ho! Ho! Ho! Merry Christmas to All! Ho! Ho! Ho!

Christmas Puzzle 52

LIMA   _ _ _ _

DREF   _ _ _ _

SCAM'Y   _ _ _ _ _ ' _

TANAS   _ _ _ _ _

GUJED   _ _ _ _ _

NASSU   _ _ _ _ _

SIROD   _ _ _ _ _

GRINLEK _ _ _ _ _ _ _

CLAIMRE _ _ _ _ _ _ _

What is this Christmas theme?

_ _ _ _ _ _ _ - _ _ _ _ _ _ _ _ _.

HRYTTI-TROFUH TS.(*)

56

❄❄❄ Christmas Word Scrambles ❄❄❄

Christmas Puzzle 53

E I T   __ __ __

F L E   A T H   __ __ __ __   __ __ __

F R A S C   __ __ __ __ __

S T O B O   __ __ __ __ __

K O S S C   __ __ __ __ __

X S O B E R   __ __ __ __ __ __

K E C T A J   __ __ __ __ __ __

W A S T E R E   __ __ __ __ __ __ __

W O N H O S S E   __ __ __ __ __ __ __ __

What is this Christmas theme?

__ __ __ __   __ __ __ __ __ __ __

M X S A   S H E C T O L

57

❄❄❄ **Ho! Ho! Ho! Merry Christmas to All! Ho! Ho! Ho!** ❄❄❄

Christmas Puzzle 54

D C __ __

N O L A __ __ __ __

M A T   D A R C __ __ __   __ __ __ __

C C H K E __ __ __ __ __

N A W P   P H O S __ __ __ __   __ __ __ __

G Y P G I   K N A B __ __ __ __ __   __ __ __ __

T R I C D E __ __ __ __ __ __

V A S S G I N __ __ __ __ __ __ __

A A L W Y Y __ __ __ __ __ __

What is this Christmas theme?

__ __ __ __ __ __ __ __   __ __ __ __ __

S M A R T S I C H   S H A C

58

❄❄❄ Christmas Word Scrambles ❄❄❄

Christmas Puzzle 55

N U F   _ _ _

A L P Y   _ _ _ _

T R E S   _ _ _ _

R Y T   U T O   _ _ _   _ _ _

L A N C E   P U   _ _ _ _ _ _   _ _

P A R R I E   _ _ _ _ _ _ _

S T R U E R N   _ _ _ _ _ _ _

S H E N A G E X C   _ _ _ _ _ _ _ _ _

T R I B E S A T E   _ _ _ _ _ _ _ _ _

What is this Christmas theme?

_ _ _   _ _ _ _ _   _ _ _ _

A D Y   T R E A F   S A X M

Christmas Puzzle 56

VEIG   _ _ _ _

HOSP   _ _ _ _

PRAW   _ _ _ _

ARCE   _ _ _ _

RASHE   _ _ _ _ _

STINGEL _ _ _ _ _ _ _

LINKWET _ _ _ _ _ _ _

CREATEDO _ _ _ _ _ _ _ _

CREATEBEL _ _ _ _ _ _ _ _ _

What is this Christmas theme?

   _ _ _ _   _ _ _ _ _

XSMA   BRESV

❄❄❄ Christmas Word Scrambles ❄❄❄

Christmas Puzzle 57

S H A N K   _ _ _ _ _

L E A N L   _ _ _ _ _

S N E A R   _ _ _ _ _

N O R O E Y   _ _ _ _ _ _

R A N C E Y   _ _ _ _ _ _

A R I A S E T   _ _ _ _ _ _ _

L E N N I E S   _ _ _ _ _ _ _

D R I S B E G   _ _ _ _ _ _ _

D O G A N O M   _ _ _ _ _ _ _

What is this Christmas theme?

_ _ _ _ _ _   _ _ _ _ _ _

A N T S A   S C R A T O (*)

Christmas Puzzle 58

S H N A K T   __ __ __ __ __ __

O R F   __ __ __

E T H   __ __ __

K L I M   __ __ __ __

N A D   __ __ __

C E I K O O S   __ __ __ __ __ __ __

O L V E   __ __ __ __

N S T A A   __ __ __ __ __

U S L C A   __ __ __ __ __

What is this Christmas theme?

__ __ __ __ __ __ , __ __   __ __ __ __ __

A A N S T ' S   T O N E

❄❄❄ Christmas Word Scrambles ❄❄❄

Christmas Puzzle 59

O U F   _ _ _

T A N S A   _ _ _ _ _

L U C A S   _ _ _ _ _

E L G I S H   _ _ _ _ _ _

L Y F G I N   _ _ _ _ _ _

O T P R O O F   _ _ _ _ _ _ _

M E N I C Y H   _ _ _ _ _ _ _

D I N E E E R R   _ _ _ _ _ _ _ _

C L E A R I F E P   _ _ _ _ _ _ _ _ _

What is this Christmas theme?

_ _ _ _ _   _ _ _ _ _ _ _

A S T A N   T H I N G I S G

�֎֎֎ **Ho! Ho! Ho! Merry Christmas to All! Ho! Ho! Ho!** ֎֎֎

Christmas Puzzle 60

M I J   ___ ___ ___

F G T I   ___ ___ ___ ___

E L V O   ___ ___ ___ ___

A H I R   ___ ___ ___ ___

S M O B C   ___ ___ ___ ___ ___

L A D L E   ___ ___ ___ ___ ___

I N C H A   ___ ___ ___ ___ ___

T H A W C   ___ ___ ___ ___ ___

S T A R H I M C S   ___ ___ ___ ___ ___ ___ ___ ___ ___

What is this Christmas theme?

___ ___ ___   ___ ___ ___ ___

E H T   G A I M (*)

❄❄❄ Christmas Word Scrambles ❄❄❄

Christmas Puzzle 61

S A M S   __ __ __ __

T R I E S   __ __ __ __ __

S U E J S   __ __ __ __ __

T H I R S C   __ __ __ __ __ __

C C H H R U   __ __ __ __ __ __

P A R R E Y   __ __ __ __ __ __

T R I E S H A U C   __ __ __ __ __ __ __ __ __

I N N O M O C U M   __ __ __ __ __ __ __ __ __

C A R E M A S T N   __ __ __ __ __ __ __ __ __

What is this Christmas theme?

__ __ __ __ __ __   __ __ __ __

S H I R T C   A M S S

❄❄❄ Ho! Ho! Ho! Merry Christmas to All! Ho! Ho! Ho! ❄❄❄

Christmas Puzzle 62

Y J O   ___ ___ ___

V E L O   ___ ___ ___ ___

C A P E E   ___ ___ ___ ___ ___

S H A N T K   ___ ___ ___ ___ ___ ___

H I S R A N G ___ ___ ___ ___ ___ ___ ___

O L W I L D G O ___ ___ ___ ___ ___ ___ ___ ___

T R I A L U P S I ___ ___ ___ ___ ___ ___ ___ ___ ___

I O U G R I S L E ___ ___ ___ ___ ___ ___ ___ ___ ___

F I S H P E N D R I ___ ___ ___ ___ ___ ___ ___ ___ ___ ___

What is this Christmas theme?

___ ___ ___ ___   ___ ___ ___ ___ ___ ___ ___ ___

S M A X   L I F E G E N S

✻✻✻ Christmas Word Scrambles ✻✻✻

Christmas Puzzle 63

A T H   __ __ __

G L N O   __ __ __ __

S E A R   __ __ __ __

Y O P I N T   __ __ __ __ __ __

A A N T S ' S   __ __ __ __ __ __ ' __

S H E E P L R   __ __ __ __ __ __ __

C A L M A G I   __ __ __ __ __ __ __

P R E S S I L P   __ __ __ __ __ __ __ __

S L E D S A B R E   __ __ __ __ __ __ __ __ __

What is this Christmas theme?

__ __ __ __ __

V E E L S

✳✳✳ **Ho! Ho! Ho! Merry Christmas to All! Ho! Ho! Ho!** ✳✳✳

Christmas Puzzle 64

A M Y   __ __ __

R H Y E N   __ __ __ __ __

R O M E O   __ __ __ __ __

R D . E S S S U   __ __ . __ __ __ __ __

S H A M O T   __ __ __ __ __ __

V I R G I N   __ __ __ __ __ __

N E C K I D S   __ __ __ __ __ __ __

D R E N N A S E   __ __ __ __ __ __ __ __

B R O O N N I S   __ __ __ __ __ __ __ __

What is this Christmas theme?

__ __ __ __ __ __ __ __ __ __ __

M A S X   S H O R T U A (*)

Christmas Word Scrambles

Christmas Puzzle 65

A C N E   _____ _____ _____ _____

A B L L   _____ _____ _____ _____

A R T S   _____ _____ _____ _____

O N C E   _____ _____ _____ _____

R E E T   _____ _____ _____ _____

S C O R S   _____ _____ _____ _____ _____

R E W H A T   _____ _____ _____ _____ _____ _____

C O G K I T S N   _____ _____ _____ _____ _____ _____ _____ _____

S E A F L O W N K   _____ _____ _____ _____ _____ _____ _____ _____ _____

What is this Christmas theme?

_____ _____ _____ _____   _____ _____ _____ _____ _____ _____

A X M S   P H A S E S

Ho! Ho! Ho! Merry Christmas to All! Ho! Ho! Ho!

Christmas Puzzle 66

S M A S   _ _ _ _

M Y N H   _ _ _ _

C C H H R U   _ _ _ _ _ _

Y A R R E P   _ _ _ _ _ _

M O R S E N   _ _ _ _ _ _

S O R R Y A   _ _ _ _ _ _

H I P R O W S   _ _ _ _ _ _ _

E R R C H E A P   _ _ _ _ _ _ _ _

S T E I N M I R   _ _ _ _ _ _ _ _

What is this Christmas theme?

_ _ _ _ _ _ _ _   _ _ _ _

T R I C H A I N S   S M A X

❄❄❄ Christmas Word Scrambles ❄❄❄

Christmas Puzzle 67

Y A W   __ __ __

O W N S   __ __ __ __

G R I N   __ __ __ __

I D E R   __ __ __ __

N O P E   __ __ __ __

S H O R E   __ __ __ __ __

I G L E S H   __ __ __ __ __ __

H A N D S I G   __ __ __ __ __ __ __

H U G G I N A L   __ __ __ __ __ __ __ __

What is this Christmas theme?

__ __ __ __ __ __   __ __ __ __ __

G E L J I N   S L E L B(*)

❄❄❄ Ho! Ho! Ho! Merry Christmas to All! Ho! Ho! Ho! ❄❄❄

Christmas Puzzle 68

U N D O R __ __ __ __ __

N I Y H S __ __ __ __ __

S L A S G __ __ __ __ __

T H R I G B __ __ __ __ __ __

A N T G I V E __ __ __ __ __ __ __

T R Y L I T E G __ __ __ __ __ __ __ __

F O O L C U R L __ __ __ __ __ __ __ __

E V E R G A N D __ __ __ __ __ __ __ __

T O Y S F A R M O __ __ __ __ __ __ __ __ __

What is this Christmas theme?

__ __ __ __   __ __ __ __ __ __ __ __

E E R T   A N T S E R M O N

❄❄❄ Christmas Word Scrambles ❄❄❄

Christmas Puzzle 69

E B D   ___ ___ ___

K I L M   ___ ___ ___ ___

P E E L S   ___ ___ ___ ___ ___

H I P N O G ___ ___ ___ ___ ___ ___

D O W N E R ___ ___ ___ ___ ___ ___

C E I K O O S ___ ___ ___ ___ ___ ___ ___

I G N A W I T ___ ___ ___ ___ ___ ___ ___

E E L R S S S T ___ ___ ___ ___ ___ ___ ___ ___

T I N P E T C I A A ___ ___ ___ ___ ___ ___ ___ ___ ___ ___

What is this Christmas theme?

___ ___ ___ ___ ___ ___ ___ ___   ___ ___ ___

R I C H A T M S S   V E E

✳✳✳ **Ho! Ho! Ho! Merry Christmas to All! Ho! Ho! Ho!** ✳✳✳

Christmas Puzzle 70

WEN SAYE'R   __ __ __ __   __ __ __ __ __ ' __

BROAL YAD   __ __ __ __ __   __ __ __

SPYDD'A YAD   __ __ __ __ __ ' __   __ __ __

ASTREE   __ __ __ __ __ __

ULJY UTROHF   __ __ __ __   __ __ __ __ __

YUKRET YAD   __ __ __ __ __ __   __ __ __

STIRCHASM   __ __ __ __ __ __ __ __ __

LONEWHALE   __ __ __ __ __ __ __ __ __

STRIPEDENS   __ __ __ __ __ __ __ __ __ __

What is this Christmas theme?

__ __ __ __ __ __ __ __ __ __

SHADYOIL

74

Christmas Word Scrambles

Christmas Puzzle 71

P O T _ _ _

P H C O _ _ _ _

I M R T _ _ _ _

A T N D S _ _ _ _ _

R E W T A _ _ _ _ _

C L E S T E _ _ _ _ _ _

B E A M S L E S _ _ _ _ _ _ _ _

T R A C E D O E _ _ _ _ _ _ _ _

P A T T O R R N S _ _ _ _ _ _ _ _ _

What is this Christmas theme?

_ _ _ _ _   _ _ _ _ _

R E E T   B R E S V

❄❄❄ **Ho! Ho! Ho! Merry Christmas to All! Ho! Ho! Ho!** ❄❄❄

Christmas Puzzle 72

ORFO   __ __ __ __

RACE   __ __ __ __

KWNI   __ __ __ __

SMEUO   __ __ __ __ __

TRACELT   __ __ __ __ __ __ __

HYMNICE   __ __ __ __ __ __ __

TRACERUE   __ __ __ __ __ __ __ __

GRINSTRI   __ __ __ __ __ __ __ __

DOGO-THING   __ __ __ __ - __ __ __ __ __

What is this Christmas theme?

__ __ __ __   __ __ __   __ __ __ __

SWAT   HET   THING (*)

76

❄❄❄ Christmas Word Scrambles ❄❄❄

Christmas Puzzle 73

R U F   T A C O   ___ ___ ___   ___ ___ ___ ___

S L E L B   ___ ___ ___ ___ ___

R I N S E   ___ ___ ___ ___ ___

W R O N B   ___ ___ ___ ___ ___

H E G I T   ___ ___ ___ ___ ___

G L I N F Y   ___ ___ ___ ___ ___ ___

L I G S H E   ___ ___ ___ ___ ___ ___

O S H O V E   ___ ___ ___ ___ ___ ___

S L A N T E R   ___ ___ ___ ___ ___ ___ ___

What is this Christmas theme?

___ ___ ___ ___ ___ ___ ___ ___

E R E D I R E N

✳✳✳ **Ho! Ho! Ho! Merry Christmas to All! Ho! Ho! Ho!** ✳✳✳

Christmas Puzzle 74

FOST   __ __ __ __

STAIN   __ __ __ __ __

OHMSOT   __ __ __ __ __ __

TEVVLE   __ __ __ __ __ __

SLAGYS   __ __ __ __ __ __

OWLOYL   __ __ __ __ __ __

CRYBUML   __ __ __ __ __ __ __

FALLENN   __ __ __ __ __ __ __

CLAIMLET   __ __ __ __ __ __ __ __

What is this Christmas theme?

__ __ __ __   __ __ __ __ __ __ __

SAXM   TUXRESTE

Christmas Word Scrambles

Christmas Puzzle 75

G E S G   _ _ _ _

K L I M   _ _ _ _

G R A U S   _ _ _ _ _

R U L O F   _ _ _ _ _

G I N C I   _ _ _ _ _

S W A T L U N   _ _ _ _ _ _ _

L A V A L I N   _ _ _ _ _ _ _

S K I N P E R L S   _ _ _ _ _ _ _ _ _

C U T T E S S N H   _ _ _ _ _ _ _ _ _

What is this Christmas theme?

_ _ _ _ _ _   _ _ _ _ _ _ _ _ _

I C E O K O   S T R I D E N I N E G

Ho! Ho! Ho! Merry Christmas to All! Ho! Ho! Ho!

Christmas Puzzle 76

L Y O H   __ __ __ __

B R O N   __ __ __ __

D R O L   __ __ __ __

S E S U J   __ __ __ __ __

C A P E E   __ __ __ __ __

C R A G E   __ __ __ __ __

T R I B H G   __ __ __ __ __ __

I G V R I N   __ __ __ __ __ __

N L H Y V A E E   __ __ __ __ __ __ __ __

What is this Christmas theme?

__ __ __ __ __ __   __ __ __ __ __ __

L I S T E N   T H I N G (*)

Christmas Word Scrambles

Christmas Puzzle 77

SLBEL   _ _ _ _ _

WARTS   _ _ _ _ _

GLEAN   _ _ _ _ _

TEDVAN   _ _ _ _ _ _

THAWER   _ _ _ _ _ _

GRAMEN   _ _ _ _ _ _

ABLEST   _ _ _ _ _ _

CLEANDS   _ _ _ _ _ _ _

PRESSEHHD _ _ _ _ _ _ _ _ _

What is this Christmas theme?

_ _ _ _   _ _ _ _ _ _ _

SAMX   MOSSYBL

✳✳✳ **Ho! Ho! Ho! Merry Christmas to All! Ho! Ho! Ho!** ✳✳✳

Christmas Puzzle 78

O W C   ___ ___ ___

G I P   ___ ___ ___

L O W   ___ ___ ___

N O I L   ___ ___ ___ ___

V O D E   ___ ___ ___ ___

P H E S E   ___ ___ ___ ___ ___

M A L E C   ___ ___ ___ ___ ___

E K O D N Y   ___ ___ ___ ___ ___ ___

R E D I R E N E   ___ ___ ___ ___ ___ ___ ___ ___

What is this Christmas theme?

___ ___ ___ ___   ___ ___ ___ ___ ___ ___ ___

S A X M   S A I L M A N

❄❄❄ Christmas Word Scrambles ❄❄❄

Christmas Puzzle 79

L E L B __ __ __ __

G L E A N __ __ __ __ __

S W I N G __ __ __ __ __

E G G O R E __ __ __ __ __ __

A L I B Y E __ __ __ __ __ __

T R O P E T __ __ __ __ __ __

G R E B I D __ __ __ __ __ __

R A C C L E N E __ __ __ __ __ __ __ __

A U R A D I N G __ __ __ __ __ __ __ __

What is this Christmas theme?

__ __ __ __ __ __ __ __ __ __ __ __

F R O W N D U E L   F I L E (*)

✻✻✻ Ho! Ho! Ho! Merry Christmas to All! Ho! Ho! Ho! ✻✻✻

Christmas Puzzle 80

A L P E P __ __ __ __ __

C E S I P __ __ __ __ __

G U M N E T __ __ __ __ __ __

G G G N O E __ __ __ __ __ __

R I G G E N __ __ __ __ __ __

K U P P M I N __ __ __ __ __ __ __

L A C R E A M __ __ __ __ __ __ __

A I O C M N N N __ __ __ __ __ __ __ __

T A C O H O L E C __ __ __ __ __ __ __ __ __

What is this Christmas theme?

__ __ __ __   __ __ __ __ __ __

X A M S   A S S E T T

84

❄❄❄ Christmas Word Scrambles ❄❄❄

Christmas Puzzle 81

Y A W   __ __ __

P E O N   __ __ __ __

R I E F   __ __ __ __

R E V Y   __ __ __ __

R E R Y M   __ __ __ __ __

N A S A T'S   __ __ __ __ __ ' __

E L G I S H   __ __ __ __ __ __

G O A T S I N R   __ __ __ __ __ __ __ __

H U T T E S S N C   __ __ __ __ __ __ __ __ __

What is this Christmas theme?

__ __ __ __ __ __ __ __ __   __ __ __ __

S M A R T H I S C   G N O S (*)

Christmas Puzzle 82

L A B L   __ __ __ __

O W N S   __ __ __ __

S L G S A   __ __ __ __ __

E T R A W   __ __ __ __ __

N E C E S   __ __ __ __ __

S M I C U   __ __ __ __ __

K E A S H   __ __ __ __ __

S H E P E R   __ __ __ __ __ __

T R A I N M I U E   __ __ __ __ __ __ __ __ __

What is this Christmas theme?

__ __ __ __ __ __ __ __

G O W N L O B E S

❄❄❄ Christmas Word Scrambles ❄❄❄

Christmas Puzzle 83

L Y O H   _ _ _ _

P H O E   _ _ _ _

H O C O   H O C O   _ _ _ _   _ _ _ _

O P T H O   _ _ _ _ _

L Y O H L   _ _ _ _ _

S H O C U R   _ _ _ _ _ _

D A I L Y H O   _ _ _ _ _ _ _

S P O O K W H R   _ _ _ _ _ _ _ _

T A C O H O L E C   _ _ _ _ _ _ _ _ _

What is this Christmas theme?

_ _ _ _ _   _ _ _ _ _   _ _

S W O R D   T H W I   O H

87

Ho! Ho! Ho! Merry Christmas to All! Ho! Ho! Ho!

Christmas Puzzle 84

REYRM __ __ __ __ __

SCRATHSIM __ __ __ __ __ __ __ __ __

O T __ __

L A L __ __ __

D A N __ __ __

O T __ __

L A L __ __ __

A D O G O __ __ __ __ __

T H I N G __ __ __ __ __

What is this Christmas theme?

__ __ __ __ __ __ __ __ __ __

S N A A T   T O Q E U (*)

❄❄❄ Christmas Word Scrambles ❄❄❄

❄❄❄ Hints ❄❄❄

Christmas Puzzle 1

C
C
V
D
D
D
P
B
R
R

Christmas Puzzle 2

S
T
B
A
L
W
G
S
M
D

Christmas Puzzle 3

D
C
P
J
C
P
W
P
L
H

Christmas Puzzle 4

R
M
T
J
M
B
S
C
C
S

❄❄❄ Ho! Ho! Ho! Merry Christmas to All! Ho! Ho! Ho! ❄❄❄

Christmas Puzzle 5

B
B
C
W
G
N
R
P
S
P

Christmas Puzzle 6

F
B
S
S
M
I
S
B
S
W

Christmas Puzzle 7

R
B
G
W
S
G
S
G
P
X

Christmas Puzzle 8

P
N
N
K
S
S
C
K
N
S

❄❄❄ Christmas Word Scrambles ❄❄❄

Christmas Puzzle 9

H
R
H
W
T
G
H
P
S
A

Christmas Puzzle 10

T
L
E
S
S
L
R
P
W
N

Christmas Puzzle 11

F
P
C
W
S
P
C
S
A
C

Christmas Puzzle 12

H
B
D
S
G
T
P
D
P
T

❄❄❄ **Ho! Ho! Ho! Merry Christmas to All! Ho! Ho! Ho!** ❄❄❄

Christmas Puzzle 13

B
J
F
M
G
P
H
S
E
X

Christmas Puzzle 14

B
C
G
N
P
L
C
T
N
S

Christmas Puzzle 15

M
C
C
S
G
S
M
C
B
H

Christmas Puzzle 16

M
M
B
J
C
J
A
S
B
N

❄❄❄ Christmas Word Scrambles ❄❄❄

Christmas Puzzle 17

O
M
K
H
D
F
D
S
S
N

Christmas Puzzle 18

R
N
S
G
G
B
S
H
R
R

Christmas Puzzle 19

T
D
J
R
W
T
S
M
D
C

Christmas Puzzle 20

B
N
M
H
F
W
N
H
C
G

✻✻✻ Ho! Ho! Ho! Merry Christmas to All! Ho! Ho! Ho! ✻✻✻

Christmas Puzzle 21

H
P
S
C
L
S
M
D
B
F

Christmas Puzzle 22

H
P
Y
P
A
R
P
P
F
X

Christmas Puzzle 23

D
M
H
B
G
C
C
W
C
D

Christmas Puzzle 24

N
X
Y
H
N
D
H
Y
V
C

❄❄❄ Christmas Word Scrambles ❄❄❄

Christmas Puzzle 25

T
M
S
C
P
C
J
E
C
X

Christmas Puzzle 26

B
D
S
H
S
P
E
P
M
C

Christmas Puzzle 27

A
L
H
G
V
B
P
G
B
P

Christmas Puzzle 28

C
W
C
B
C
H
G
C
P
G

✳✳✳ **Ho! Ho! Ho! Merry Christmas to All! Ho! Ho! Ho!** ✳✳✳

Christmas Puzzle 29

Y
T
S
C
E
L
B
Q
V
X

Christmas Puzzle 30

T
B
S
C
A
S
S
R
S
C

Christmas Puzzle 31

P
C
C
N
C
G
I
C
P
X

Christmas Puzzle 32

P
S
B
P
T
M
C
R
S
X

❄❄❄ Christmas Word Scrambles ❄❄❄

Christmas Puzzle 33

C
U
T
B
N
R
B
F
T
W

Christmas Puzzle 34

S
K
L
W
A
I
H
S
B
F

Christmas Puzzle 35

T
F
S
S
A
E
G
H
S
C

Christmas Puzzle 36

C
C
B
A
H
C
M
B
S
X

✸✸✸ Ho! Ho! Ho! Merry Christmas to All! Ho! Ho! Ho! ✸✸✸

Christmas Puzzle 37

S
B
M
F
S
G
G
B
D
F

Christmas Puzzle 38

N
M
H
G
P
B
D
J
P
G

Christmas Puzzle 39

H
C
M
C
S
T
W
D
D
P

Christmas Puzzle 40

E
P
P
B
D
P
F
C
R
N

❄❄❄ Christmas Word Scrambles ❄❄❄

Christmas Puzzle 41

V
A
O
H
K
F
R
N
N
C

Christmas Puzzle 42

G
A
M
D
J
J
S
J
A
G

Christmas Puzzle 43

H
J
M
S
F
J
S
F
D
A

Christmas Puzzle 44

R
T
D
R
F
T
S
D
F
C

❄❄❄ Ho! Ho! Ho! Merry Christmas to All! Ho! Ho! Ho! ❄❄❄

Christmas Puzzle 45

B
N
B
R
M
B
C
S
H
B

Christmas Puzzle 46

L
S
I
I
O
T
B
M
M
X

Christmas Puzzle 47

L
T
E
T
M
S
M
P
S
A

Christmas Puzzle 48

A
M
C
M
S
C
S
C
S
X

✻✻✻ Christmas Word Scrambles ✻✻✻

Christmas Puzzle 49

F
H
G
H
G
N
O
L
G
X

Christmas Puzzle 50

I
C
S
F
C
F
W
S
B
J

Christmas Puzzle 51

R
B
S
F
W
E
W
C
G
W

Christmas Puzzle 52

M
F
M
S
J
S
D
K
M
T

✳✳✳ **Ho! Ho! Ho! Merry Christmas to All! Ho! Ho! Ho!** ✳✳✳

Christmas Puzzle 53

T
E
S
B
S
B
J
S
S
X

Christmas Puzzle 54

C
L
A
C
P
P
C
S
L
C

Christmas Puzzle 55

F
P
R
T
C
R
R
E
B
D

Christmas Puzzle 56

G
S
W
C
S
G
T
D
C
X

❄❄❄ Christmas Word Scrambles ❄❄❄

Christmas Puzzle 57

H
A
A
R
C
A
N
B
G
S

Christmas Puzzle 58

T
F
T
M
A
C
L
S
C
S

Christmas Puzzle 59

U
S
C
S
F
R
C
R
F
S

Christmas Puzzle 60

J
G
L
H
C
D
C
W
C
T

❄❄❄ **Ho! Ho! Ho! Merry Christmas to All! Ho! Ho! Ho!** ❄❄❄

Christmas Puzzle 61

M
R
J
C
C
P
E
C
S
C

Christmas Puzzle 62

J
L
P
T
S
G
S
R
F
X

Christmas Puzzle 63

H
L
E
P
S
H
M
S
B
E

Christmas Puzzle 64

M
H
M
D
T
I
D
A
R
X

❄❄❄ Christmas Word Scrambles ❄❄❄

Christmas Puzzle 65

C
B
S
C
T
C
W
S
S
X

Christmas Puzzle 66

M
H
C
P
S
R
W
P
M
C

Christmas Puzzle 67

W
S
R
R
O
H
S
D
L
J

Christmas Puzzle 68

R
S
G
B
V
G
C
E
S
T

✸✸✸ Ho! Ho! Ho! Merry Christmas to All! Ho! Ho! Ho! ✸✸✸

Christmas Puzzle 69

B
M
S
H
W
C
W
R
A
C

Christmas Puzzle 70

N
L
P
E
J
T
C
H
P
H

Christmas Puzzle 71

T
C
T
S
W
S
A
D
T
T

Christmas Puzzle 72

R
C
W
M
C
C
C
S
G
T

❄❄❄ Christmas Word Scrambles ❄❄❄

Christmas Puzzle 73

F
B
R
B
E
F
S
H
A
R

Christmas Puzzle 74

S
S
S
V
G
W
C
F
M
X

Christmas Puzzle 75

E
M
S
F
I
W
V
S
C
C

Christmas Puzzle 76

H
B
L
J
P
G
B
V
H
S

✳✳✳ **Ho! Ho! Ho! Merry Christmas to All! Ho! Ho! Ho!** ✳✳✳

Christmas Puzzle 77

B
S
A
A
W
M
S
C
S
X

Christmas Puzzle 78

C
P
O
L
D
S
C
D
R
X

Christmas Puzzle 79

B
A
W
G
B
P
B
C
G
W

Christmas Puzzle 80

A
S
N
E
G
P
C
C
C
X

❄❄❄ Christmas Word Scrambles ❄❄❄

Christmas Puzzle 81

W
O
F
V
M
S
S
R
C
C

Christmas Puzzle 82

B
S
G
W
S
M
S
S
M
S

Christmas Puzzle 83

H
H
C
P
H
C
H
W
C
W

Christmas Puzzle 84

M
C
T
A
A
T
A
A
N
S

❄❄❄ Answers ❄❄❄

Christmas Puzzle 1

Comet
Cupid
Vixen
Dancer
Dasher
Donner
Prancer
Blitzen
Rudolph
Reindeer Names

Christmas Puzzle 2

Star
Tree
Bells
Angel
Lights
Wreath
Garland
Stocking
Mistletoe
Decorations

Christmas Puzzle 3

Drum
Cheer
Party
Jingle
Carols
Parade
Whistle
Prayers
Laughter
Holiday Sounds

Christmas Puzzle 4

Red
Milk
Toys
Jolly
Merry
Beard
Sleigh
Chimney
Cookies
Santa Claus

❄❄❄ Christmas Word Scrambles ❄❄❄

Christmas Puzzle 5

Box
Bows
Card
Wrap
Gift Bag
Name Tag
Ribbon
Photos
Stuffer
Presents

Christmas Puzzle 6

Frost
Boots
Scarf
Shovel
Mittens
Icicles
Snowman
Blizzard
Snowflake
White Christmas

Christmas Puzzle 7

Red
Blue
Green
White
Snowy
Golden
Silver
Glitter
Polka Dot
Xmas Colors

Christmas Puzzle 8

Papa
Noel
Nick
Kris
Saint
Santa
Claus
Kringle
Nicholas
Santa's Names

❄❄❄ Ho! Ho! Ho! Merry Christmas to All! Ho! Ho! Ho! ❄❄❄

Christmas Puzzle 9

Harp
Robe
Halo
Wings
Treetop
Guardian
Heavenly
Peaceful
Spiritual
Angel

Christmas Puzzle 10

Toys
List
Elves
Santa
Sleigh
Letters
Reindeer
Presents
Workshop
North Pole

Christmas Puzzle 11

Fir
Pine
Cedar
White
Spruce
Pre-lit
Cypress
Sapphire
Aluminum
Christmas Trees

Christmas Puzzle 12

Hens
Birds
Doves
Swans
Geese
Turtle
Pipers
Drummers
Partridge
[The] Twelve Days [Of Christmas]*
(By Frederic Austin)

❄❄❄ Christmas Word Scrambles ❄❄❄

Christmas Puzzle 13

Bah
Jack
Frost
Miser
Grinch
Potter
Humbug
Scrooge
Ebenezer
Xmas Villains

Christmas Puzzle 14

Bad
Cry
Good
Nice
Pout
Lump
Coal
Twice
Naughty
Santa's List

Christmas Puzzle 15

Milk
Candy
Canes
Snaps
Ginger
Sweets
Muffins
Cookies
Brownies
Holiday Treats

Christmas Puzzle 16

Mary
Magi
Birth
Jesus
Christ
Joseph
Angels
Shepherd
Bethlehem
Nativity Scene

❄❄❄ **Ho! Ho! Ho! Merry Christmas to All! Ho! Ho! Ho!** ❄❄❄

Christmas Puzzle 17

Owl
Mice
King
Hare
Dolls
Fairy
Drummer
Soldier
Sentinel
[The] Nutcracker*
(By Tchaikovsky)

Christmas Puzzle 18

Red
Nose
Shiny
Glows
Games
Bright
Sleigh
History
Reindeer
Rudolph [The Red-Nosed Reindeer]*
(By Robert May)

Christmas Puzzle 19

Top
Doll
Jacks
Robot
Wagon
Train
Slinky
Marbles
Dollhouse
Christmas Toys

Christmas Puzzle 20

Best
New Year
Merry
Happy
Feliz
Wishes
Navidad
Holidays
Christmas
Greetings

❄❄❄ Christmas Word Scrambles ❄❄❄

Christmas Puzzle 21

Hat
Pipe
Silk
Coal
Life
Scarf
Magic
Dance
Buttons
Frosty [The Snowman]*
(By Rollins And Nelson)

Christmas Puzzle 22

Ham
Pie
Yams
Plum
Apple
Roast
Pudding
Pumpkin
Fruitcake
Xmas Feast

Christmas Puzzle 23

Dog
Mouse
Heart
Beast
Grinch
Chimney
Creature
Whoville
Cindy-Lou
Doctor Seuss*
(The Grinch Who Stole Christmas)

Christmas Puzzle 24

Noel
Xmas
Yule
Home
Nativity
December
Holidays
Yuletide
Vacation
Christmastime

❄❄❄ Ho! Ho! Ho! Merry Christmas to All! Ho! Ho! Ho! ❄❄❄

Christmas Puzzle 25

Tea
Milk
Soda
Cider
Punch
Cocoa
Juice
Eggnog
Cocktail
Xmas Drinks

Christmas Puzzle 26

Ball
Dance
Santa's
Helper
Secret
Potluck
Exchange
Presents
Mistletoe
Christmas Party

Christmas Puzzle 27

Amen
Lord
Hymn
Grace
Verse
Bible
Praise
Gospel
Blessing
Prayer

Christmas Puzzle 28

Cakes
Witch
Candy
Bread
Crumbs
Hansel
Gretel
Cottage
Pebbles
Gingerbread*
(Hansel And Gretel
By Brothers Grimm)

❄❄❄ Christmas Word Scrambles ❄❄❄

Christmas Puzzle 29

Yes
The Sun
Santa
Claus
Exist
Letter
Believe
Question
Virginia
Xmas Editorial*
(By Francis Church)

Christmas Puzzle 30

Tree
Bell
Star
Cane
Angel
Sleigh
Snowman
Reindeer
Stocking
Cookie Shapes

Christmas Puzzle 31

Pine
Clove
Candle
Nutmeg
Citrus
Ginger
Incense
Cinnamon
Potpourri
Xmas Aromas

Christmas Puzzle 32

Plays
Songs
Books
Poems
TV Shows
Movies
Carols
Reruns
Stories
Xmas Specials

❄❄❄ Ho! Ho! Ho! Merry Christmas to All! Ho! Ho! Ho! ❄❄❄

Christmas Puzzle 33

Coal
Used
Tacky
Broken
Nothing
Re-gifted
Borrowed
Fruitcake
Tasteless
Worst Gifts

Christmas Puzzle 34

Star
King
Lord
Wise Men
Angels
Israel
Heaven
Shepherds
Bethlehem
[The] First Noel*
(By John Stainer)

Christmas Puzzle 35

To
From
Stamp
Sender
Address
Envelope
Greeting
Hallmark
Scrapbook
Christmas Card

Christmas Puzzle 36

Cole (Nat King)
Como (Perry)
Boyd (Jimmy)
Autry (Gene)
Helms (Bobby)
Crosby (Bing)
Martin (Dean)
Bennett (Tony)
Sinatra (Frank)
Xmas Singers*

❄❄❄ Christmas Word Scrambles ❄❄❄

Christmas Puzzle 37

Son
Baby
Mother
Father
Sister
Grandma
Grandpa
Brother
Daughter
Family

Christmas Puzzle 38

New Car
Money
House
Gift Card
Perfume
Bicycle
Diamond
Jewelry
Proposal
Great Gifts

Christmas Puzzle 39

Hiding
Cooking
Mailing
Cleaning
Shopping
Trimming
Wrapping
Designing
Decorating
Preparation

Christmas Puzzle 40

Eve
Pots
Pans
Ball
Drop
Party
Football
Countdown
Resolution
New Year's

❄❄❄ Ho! Ho! Ho! Merry Christmas to All! Ho! Ho! Ho! ❄❄❄

Christmas Puzzle 41

Vintage
Antique
Ornament
Hallmark
Keepsake
Figurine
Rockwell
Nativity
Nutcracker
Collectibles

Christmas Puzzle 42

God
Adam
Mary
David
James
Judas
Simon
Joseph
Abraham
Genealogy

Christmas Puzzle 43

Holy
Jolly
Merry
Snowy
Frosty
Joyful
Sacred
Festive
Decorative
Adjectives

Christmas Puzzle 44

Ralph
Triple
Dog Dare
Red Ryder
Frozen
Tongue
Secret
Decoder
Flagpole
[A] Christmas Story*
(By John Shepherd)

❄❄❄ Christmas Word Scrambles ❄❄❄

Christmas Puzzle 45

Bogart (Humphrey)
Newton (Isaac)
Buffet (Jimmy)
Ripley (Robert)
Martin (Tony)
Barton (Clara)
Christ (Jesus)
Serling (Rod)
Henderson (Rickey)
Born On Xmas*

Christmas Puzzle 46

LED
String
Icicle
Indoor
Outdoor
Twinkle
Blinking
Miniature
Multicolor
Xmas Lights

Christmas Puzzle 47

Lap
Tree
Elves
Train
Music
Santa
Mrs. Claus
Pictures
Shopping
At The Mall

Christmas Puzzle 48

Arch
Mass
Chart
March
Smith
Crash
Smart
Charms
Stairs
Xmas Sub-Words*
(Words You Can Make Using
The Letters Of 'Christmas')

❄❄❄ Ho! Ho! Ho! Merry Christmas to All! Ho! Ho! Ho! ❄❄❄

Christmas Puzzle 49

Fun
Holly
Gifts
Holiday
Goodwill
Nativity
Ornament
Lighting
Glistening
Xmas Nouns

Christmas Puzzle 50

Ice
Cold
Snow
Frost
Chilly
Flurry
Winter
Snowman
Blizzard
Jack Frost

Christmas Puzzle 51

Ring
Bells
Sleigh
Frolic
Winter
Eskimo
Walking
Chilling
Glistening
[Winter] Wonderland*
(By Richard Smith)

Christmas Puzzle 52

Mail
Fred
Macy's
Santa
Judge
Susan
Doris
Kringle
Miracle
[Miracle on] Thirty-Fourth St.* (By George Seaton)

❄❄❄ Christmas Word Scrambles ❄❄❄

Christmas Puzzle 53

Tie
Elf Hat
Scarf
Boots
Socks
Boxers
Jacket
Sweater
Snowshoes
Xmas Clothes

Christmas Puzzle 54

CD
Loan
ATM Card
Check
Pawn Shop
Piggy Bank
Credit
Savings
Layaway
Christmas Cash

Christmas Puzzle 55

Fun
Play
Rest
Try Out
Clean Up
Repair
Returns
Exchanges
Batteries
Day After Xmas

Christmas Puzzle 56

Give
Shop
Wrap
Care
Share
Glisten
Twinkle
Decorate
Celebrate
Xmas Verbs

❄❄❄ Ho! Ho! Ho! Merry Christmas to All! Ho! Ho! Ho! ❄❄❄

Christmas Puzzle 57

Hanks (Tom)
Allen (Tim)
Asner (Edward)
Rooney (Mickey)
Carney (Art)
Astaire (Fred)
Nielsen (Leslie)
Bridges (Lloyd)
Goodman (John)
Santa Actors*

Christmas Puzzle 58

Thanks
For
The
Milk
And
Cookies
Love
Santa
Claus
Santa's Note

Christmas Puzzle 59

UFO
Santa
Claus
Sleigh
Flying
Rooftop
Chimney
Reindeer
Fireplace
Santa Sighting

Christmas Puzzle 60

Jim
Gift
Love
Hair
Combs
Della
Chain
Watch
Christmas
[Gift Of] The Magi*
(By O. Henry)

❄❄❄ Christmas Word Scrambles ❄❄❄

Christmas Puzzle 61

Mass
Rites
Jesus
Christ
Church
Prayer
Eucharist
Communion
Sacrament
Christ Mass

Christmas Puzzle 62

Joy
Love
Peace
Thanks
Sharing
Goodwill
Spiritual
Religious
Friendship
Xmas Feelings

Christmas Puzzle 63

Hat
Long
Ears
Pointy
Santa's
Helpers
Magical
Slippers
Beardless
Elves

Christmas Puzzle 64

May (Robert)
Henry (O.)
Moore (Clement)
Dr. Seuss (Theodor)
Thomas (Dylan)
Irving (Washington)
Dickens (Charles)
Andersen (Hans Christian)
Robinson (Barbara)
Xmas Authors*

❄❄❄ Ho! Ho! Ho! Merry Christmas to All! Ho! Ho! Ho! ❄❄❄

Christmas Puzzle 65

Cane
Ball
Star
Cone
Tree
Cross
Wreath
Stocking
Snowflake
Xmas Shapes

Christmas Puzzle 66

Mass
Hymn
Church
Prayer
Sermon
Rosary
Worship
Preacher
Minister
Christian Xmas

Christmas Puzzle 67

Way
Snow
Ring
Ride
Open
Horse
Sleigh
Dashing
Laughing
Jingle Bells*
(By James Lord Pierpont)

Christmas Puzzle 68

Round
Shiny
Glass
Bright
Vintage
Glittery
Colorful
Engraved
Styrofoam
Tree Ornaments

✻✻✻ Christmas Word Scrambles ✻✻✻

Christmas Puzzle 69

Bed
Milk
Sleep
Hoping
Wonder
Cookies
Waiting
Restless
Anticipate
Christmas Eve

Christmas Puzzle 70

New Year's
Labor Day
Paddy's Day
Easter
July Fourth
Turkey Day
Christmas
Halloween
Presidents
Holidays

Christmas Puzzle 71

Top
Chop
Trim
Stand
Water
Select
Assemble
Decorate
Transport
Tree Verbs

Christmas Puzzle 72

Roof
Care
Wink
Mouse
Clatter
Chimney
Creature
Stirring
Good-Night
Twas The Night*
[Before Christmas]
(By Clement Moore)

❄❄❄ Ho! Ho! Ho! Merry Christmas to All! Ho! Ho! Ho! ❄❄❄

Christmas Puzzle 73

Fur Coat
Bells
Reins
Brown
Eight
Flying
Sleigh
Hooves
Antlers
Reindeer

Christmas Puzzle 74

Soft
Satin
Smooth
Velvet
Glassy
Woolly
Crumbly
Flannel
Metallic
Xmas Textures

Christmas Puzzle 75

Eggs
Milk
Sugar
Flour
Icing
Walnuts
Vanilla
Sprinkles
Chestnuts
Cookie Ingredients

Christmas Puzzle 76

Holy
Born
Lord
Jesus
Peace
Grace
Bright
Virgin
Heavenly
Silent Night*
(By Joseph Mohr)

❄❄❄ Christmas Word Scrambles ❄❄❄

Christmas Puzzle 77

Bells
Straw
Angel
Advent
Wreath
Manger
Stable
Candles
Shepherds
Xmas Symbols

Christmas Puzzle 78

Cow
Pig
Owl
Lion
Dove
Sheep
Camel
Donkey
Reindeer
Xmas Animals

Christmas Puzzle 79

Bell
Angel
Wings
George
Bailey
Potter
Bridge
Clarence
Guardian
[It's A] Wonderful Life*
(By Frank Capra)

Christmas Puzzle 80

Apple
Spice
Nutmeg
Eggnog
Ginger
Pumpkin
Caramel
Cinnamon
Chocolate
Xmas Tastes

❄❄❄ Ho! Ho! Ho! Merry Christmas to All! Ho! Ho! Ho! ❄❄❄

Christmas Puzzle 81

Way
Open
Fire
Very
Merry
Santa's
Sleigh
Roasting
Chestnuts
[The] Christmas Song*
(By Mel Tormé And Bob Wells)

Christmas Puzzle 82

Ball
Snow
Glass
Water
Scene
Music
Shake
Sphere
Miniature
Snowglobe

Christmas Puzzle 83

Holy
Hope
Choo Choo
Photo
Holly
Chorus
Holiday
Workshop
Chocolate
Words With HO

Christmas Puzzle 84

Merry
Christmas
To
All
And
To
All
A Good
Night
Santa Quote*
(Variation Of The Last Line Of
'Twas The Night Before
Christmas' By Clement Moore)

❄❄❄ Christmas Word Scrambles ❄❄❄

❄❄❄ MORE WORD SCRAMBLE BOOKS ❄❄❄

❄ **Negative/Positive Antonym Word Scrambles Book.**
☹ M O G O L   G L O O M
☺ P H O E   H O P E

❄ **Positive Word Scrambles (A Fun Way to Think Happy Words).**
S L I M E   S M I L E

❄ **Positive Word Scrambles (Fun Positive Visualization).**
P A P H Y   H A P P Y

❄ **Teen Word Scrambles for Girls.**
R O M A L U G   G L A M O U R

❄ **Golf Word Scrambles.**
A R A F I W Y   F A I R W A Y

❄ **Word Scrambles that Make You Think.**
P Re Am V I   V Am P I Re

❄ **Word Scrambles that Make You Think (Easy).**
Ti Na C Lu   Lu Na Ti C

❄ **Word Scrambles that Make You Think (Medium).**
P Er Ti N U O   Er U P Ti O N

❄ **Word Scrambles that Make You Think (Hard).**
Ra Te Sc In Rb At   Sc At Te Rb Ra In

❄ **Chemical Word Scrambles Anyone Can Do (Easy).**
Er Ra P Y   P Ra Y Er

❄ **Chemical Word Scrambles Anyone Can Do (Medium).**
Ti Ds C Ar K Y   Y Ar Ds Ti C K

❄ **Chemical Word Scrambles Anyone Can Do (Hard).**
Am Er I N Dy Cs Mo Th   Th Er Mo Dy N Am I Cs

❄ **Travel-Size Chemical Word Scrambles (Easy to Medium).**
He At Re B   B Re At He

❄ **Travel-Size Chemical Word Scrambles (Medium to Hard).**
S Li C K Ti H   Ti C K Li S H

❄ **Verbal Reactions: Word Scrambles with a Chemical Flavor (Easy).**
Ce + Re + 2 S --> Re Ce S S

❄ **Verbal Reactions: Word Scrambles with a Chemical Flavor (Medium).**
P + 2 I + 2 C + N --> P I C N I C

❄ **Verbal Reactions: Word Scrambles with a Chemical Flavor (Hard).**
Tc + 2 I + Er + 3 H + K --> H I Tc H H I K Er

❄❄❄ **Ho! Ho! Ho! Merry Christmas to All! Ho! Ho! Ho!** ❄❄❄

Made in the USA
Coppell, TX
27 December 2021